本多弘之 著

親鸞に学ぶ信心と救い

法藏館

はじめに

「藤秀《ふじしゅうすい》璻先生を偲ぶ会」は、先生とお別れしてより、二十五年に亘り、有縁の皆様のお支えのお蔭で続けられて参りました。いささか寂寥を禁じえませんが、今回で終わりとすることとなりました。

ご承知の通り、藤先生は、仏教学・真宗学の深奥を究められながら、世界の思想・文学に通じておられました。ご著作は、経・論の解説書から戯曲、短歌にまで及んでおり、なかでも『歎異抄講讃』は悠々たる大河の流れを想わせられる大著であり、また四十代に著された『涅槃経に聞く』は歴史に残る名著と称えられるところであります。

最終回の集いに、親鸞仏教センター所長・本多弘之先生をお迎えしましたことは、大変意義深いことでありました。

本多弘之先生は、一九三八年、中国黒龍江省にお生まれです。一九六一年、東京大学農学部林産学科をご卒業の後、大谷大学大学院に進学され、安田理深先生に師事されました。一九八三年まで、大谷大学助教授を務められ、辞任の後、『安田理深選集』（全二十二巻、文永堂）の編集責任にあたられました。そして、二〇〇一年に開設された親鸞仏教センター（東京都文京区）の所長に就任され、弘大な視野に立たれて「現代と親鸞」というテーマに取り組んでおられます。

この半世紀、大学の哲学者・倫理学者・中世史研究者によって「親鸞思想」と「真宗史」の研究が進められています。こうしたことから、浄土真宗の伝統宗学者と大学の研究者、さらには一般の求道者を巻き込んだ形の「センター」活動の必要性が叫ばれるようになっていました。

親鸞仏教センター刊行の研究誌『現代と親鸞』、情報誌『anjali』、機関誌『親鸞仏教センター通信』は、このような時代の要望に見事にお応えくださったものと申せましょう。藤秀璻先生は、こうした本多弘之先生のさまざまな活動をさぞお慶びになられたことであろうと思うことであります。「センター」活動の各地への拡がりを念じてやみません。

なお、「偲ぶ会」最終回（平成二十年十二月二十日）の本多弘之先生の講題は「親鸞における横超の救い」でありましたが、本書収録に際し、本多先生に加筆いただき「親鸞に学ぶ信心と救い」と改題しました。また、聖教の引用は、真宗大谷派（東本願寺出版部）発行の『真宗聖典』（聖典と略記）と浄土真宗本願寺派（本願寺出版社）発行の『浄土真宗聖典（註釈版）』（註釈版と略記）のページ数を記入しました。

最後に、本書を『藤秀璻選集』全八巻を出版くださった法藏館より刊行できますことは何よりのご縁であり、法藏館の西村七兵衛会長と西村明高社長、編集を担当された仏教書編集者の池田顕雄氏に心より御礼申しあげます。

合掌

平成二十三（二〇一一）年一月

広島大学名誉教授　松田正典

親鸞に学ぶ信心と救い＊目次

親鸞に学ぶ信心と救い

装丁　井上二三夫

私の歩んだ道

東京から参りました本多弘之でございます。浄土真宗本願寺派の安芸門徒《あきもんと》の皆さんが中心に長年聞法をされています、この藤秀璻《ふじしゅうすい》先生（一八八五～一九八三）を偲《しの》ぶ会にお招きいただけるとは思ってもおりませんでした。人生は思ったようになりませんが、また思いもしなかったことが起こるものです。

私は中国東北部の満州に生まれ、浅草にある真宗大谷派の寺で育ち、東京での学生生活の後、京都の大谷大学に学びました。さらに続いて大谷大学にお世話になり、その頃に、参考書の一つとして藤秀璻先生の『歎異抄講讃』を読ませていただいた記憶がありますが、広島との縁はほとんどなく、この場にいる不思議をさきほどから痛感しております。

そして、仏法との出遇《であ》い、本願念仏との出遇いの因縁ということから申しますと、私は、明治の清沢満之《きよざわまんし》（一八六三〜一九〇三）から始まる、真宗大谷派の近代教学の流れの中に身を置いてきました。具体的には、曽我量深《そがりようじん》先生（一八七五〜一九七一）、安田《やすだ》理深《りじん》先生（一九〇〇〜一九八二）から浄土真宗の核心を学んできました。

この近代教学の流れは、大谷派の中にあっても、いわば異端、反逆者の系譜であり、私はその伝統を通して真宗に出遇い、その後今日まで、頑《かたく》なに自分のいただいた道を真実の歩みと思って生きてまいりました。したがいまして、私の話は、本願寺派の皆さまが日頃いただいているお話とはかなり切り口が異なるかと思います。その点、どうぞよろしくご了解願いたく存じます。

異安心というレッテル

蓮如《れんによ》上人の

おどろかす　かいこそなけれ　村雀《むらすずめ》　耳なれぬれば、なるこ（鳴子）にそのる（中略）ただ人は、みな、耳なれ雀なり。

（『蓮如上人御一代記聞書』、聖典八八六頁・註釈版一二八六頁）

という言葉がありますが、皆さんがいただいておられるご信心、聞法してきて耳慣れているご信心からすると、私の話は、びっくりするといいますか、あるいはお耳に入りにくいようなお話になるかもしれません。ただ私がしっかりと聞いていただきたいのは、親鸞聖人の教えというものは、直接に親鸞聖人の書かれた文章を読んでも、なかなかその本意がすぐに分かるというような代物ではないということです。

したがって、それを特に本願寺派の系譜は、『御文《おふみ》』（『御文章《ごぶんしょう》』）をはじめとする蓮如上人の嚙《か》み砕《くだ》かれたお言葉で、われわれに近く了解しやすくしてくださったものを依り所としていただいているのかと拝察します。言うならば玄米は食べにくいから、白米にして、あるいはお粥《かゆ》にして出してくださったものを食べているのです。

しかしそれは、栄養にはなるけれども、本当の玄米が持っている大切な栄養を十分に嚙み砕いてしまったならば、ある意味において人間を本当に力づけて、支えてくれるような真実といいますか、宗教的な真実というものをどこかで忘れさせてしまっているのではないかと思うわけです。

これまで長い間、近代教学というのは異安心《いあんじん》だというレッテルを貼られてきました。異安心という言葉は、皆さんご存じだと思います。ある若い方々の学習会で、私が異安心という話をして、「曽我量深先生も異安心と呼ばれたんだ」と言ったらある方が、「先生、曽我先生は日本人ではないんですか、イラン人なんですか」と言うのです。最近では、そのぐらい言葉が通じなくなってきています。

異安心というのは、「これが正しい」という教えのいただき方があって、それに背くような了解の仕方をした場合には許さないということを申します。本願寺ならば本願寺という組織で決めて、間違った了解をするものは、僧籍剝奪《そうせきはくだつ》、つまり僧侶の資格も剝奪するし、儀式をすることも許さないし、ましてお説教することなど許さないというように、強い禁止の意味を込めたものが異安心という言葉です。

異安心だと呼ばれることは、封建時代やかつての戦時中であれば、日本人ではない、国賊《こくぞく》だと言われるに等しいわけです。最近の若い人は、国賊という言葉も知りません。日本の国を守るために、日本人がみんな日本以外の国を敵として戦うという時に、外が国賊、内が国民ですから、「国賊」というのは、中にいる人間を外の人間だと排除する言葉です。その当時、そのようなレッテルを貼られたら、生きていけない辛い立場になったわけです。

近代教学とは親鸞教学である

真宗大谷派の近代教学は、清沢満之という方が明治時代に出られたことに始まります。この方は現在の愛知県名古屋市に生まれた、尾張門徒《おわりもんと》です。それぞれの地方には何々門徒というものがありますね。広島でしたら安芸門徒といいます。

尾張は門徒の勢力の強い地域でありますが、清沢満之という方は、下級武士、武士といっても足軽といって大変下の地位の武家の家に生まれました。そして勉強したいということで、たまたま幼稚園の友だちだった方の縁で、お寺で開かれていた寺子屋へ学びに出掛けています。そういうことから、大谷派の学校に縁ができて、奨学資金をもらって東京帝国大学に行き、哲学を学ばれた方です。

清沢満之という方は、奨学資金を貰って、東京帝国大学に行き学問できたということに大きな恩義を感じられて、生涯、宗門のために身を投げて、教団の改革運動に取り組まれ、真宗大学（現在の大谷大学）の初代の学長をされました。浩々洞《こうこうどう》という若い人たちとの学びの道場をもたれ、『精神界』という雑誌を刊行された。行政的にも教育的にも思想的にも改革をするという思いで、本当に身を投げて親鸞聖人のみ教えを現代の人間にも受け止められるように語り直してくださった。

それは新しいことを言い出したわけではない。親鸞聖人が明らかにされた真実を、皆なかなか理解できなかった。その真実信心を現代の人間に、あるいは科学の考え方が当たり前になっていく近代以降の世界に、信仰の世界の真実として堂々と表現し直してくださったわけであります。最期は、肺結核のため四十一歳で生涯を終えました。

『清沢満之全集』が近年、岩波書店より出版されています。

私は、たまたま清沢満之に始まるその近代教学の流れの中にいたものですから、そういう視点で親鸞聖人のものをくり返し、くり返し読み直していきました。近代教学は何だか異端のように言われます。しかし、そういうふうに言っている人たち自身が、何に立ってそれが親鸞聖人の教えだというのかということをしっかりと押さえてみてみると、実は案外親鸞聖人を根拠にしていないということがわかってきたわけです。蓮如上人を根拠にしたり、あるいはその後の江戸時代のさまざまな宗学者の解釈を根拠にしたりしていて、親鸞聖人のおっしゃることをしっかりと押さえて、それを立場にしているのではないということです。

近代教学とは、親鸞聖人の教えをできるだけ親鸞聖人の言われた通りに受け止めて、誠実に親鸞聖人のおっしゃることを自分の上にいただき直すというものです。その意味において、近代に出てきた教学というよりも、親鸞聖人の教学であるといえます。

ですから私は、『親鸞教学――曽我量深から安田理深へ』という本を法藏館から出させていただきました。それは、大谷大学の真宗学研究室から雑誌を新しく出す時に、曽我量深先生は『親鸞教学』と名付けなさいとおっしゃった。「真宗学」というよりも「親鸞教学」であると。ですから私もその流れを汲んで、曽我量深先生や金子大栄先生（一八八一～一九七六）や安田理深先生のことを語るについて、「親鸞教学」という名前で語りたいと思ったのであります。

死後に実体化された浄土教

近代教学の流れに身を置いて、浄土真宗の信心を学んできましたが、私自身が、真宗の信心ということをいくら学んでも、いまひとつよく分からないと感じてきました。浄土教の救いは、その教えが、インド、中国、日本というように流れてきているわけです。中国の道綽《どうしゃくぜんじ》禅師が聖道門と浄土門とおっしゃった。聖道門とは、教えられている言葉や論理、学問や修行内容というものを、自分が努力して身に付けて仏になるという考え方です。この考え方が、仏教の歴史の表通りになるわけです。

それに対して、いくら努力して勉強しても修行しても、自分はお釈迦さまのようにはっきりと完成した人間、すなわち仏陀《ぶつだ》になれないことに気づいた。完成した人間というのは、自利利他円満《じりりたえんまん》、つまり、自分も完全に円満するし、人をも本当に救い上げていくことができる人間ということです。そういう超能力者とでもいいますか、そういう人間になれないということに気づいた。

修行しても仏陀になれないというのは、仏弟子として許せない、恥ずかしい。そのままでは生きて仏教を学んでも完成しないままに死んでしまう。そのことが恥ずかしいというか、悲しいというか、悔しいというか、そういう思いを持った人間はどうしたらいいのだろうかという、仏弟子としての誠実な葛藤の中から求められてきたのが浄土教だと思います。

ですから、浄土教の誕生とその歴史は、ある意味で落第者の系譜ともいえると思います。優等生で通っていって自分が完成したと思える人は、浄土教などは求めない。

浄土教に出遇ったのは、時代状況でもあるし、自分の与えられた状況でもあるでしょうが、どうにもこのままでは助からないという苦悩を持った方が、教えはあっても悟りをひらく行《ぎょう》もなく悟った人もいない末法《まっぽう》の自覚の中で、浄土門の教えに出遇って浄土の教えを自分の拠りどころとしてこられたわけです。そして、その表現は、どこかでいま生きている身が、有限であって、愚かであって、罪悪であって、ゆえに死んだ後でこそ仏になれると考えてこられた。

では、いわゆる浄土とはどういうものでしょうか。浄土というのは、死後にあって、いま生きているわれわれの場所は穢土《えど》であり、この穢土があって次の世に浄土がある。次の世があるという考え方は、流転輪廻《るてんりんね》という考え方でありましょう。次の世には生まれ直してお浄土がある。

そのお浄土へ行ったら仏になれるという。いまはダメだけれども、次には必ず助かるというように呼びかけてくださるのだから、そのことを信じようというわけです。そのように伝わってきているのが浄土教の歴史です。それを私は浄土教一般の気分だろうと思うのです。

曽我量深『本願の仏地』

しかし、そのような浄土教の気分が、はたして浄土教の本質なのでしょうか。本来の仏教といえるのでしょうか。死後の救い、死後に実体化された救いで本当に満足するということにしていいのだろうかと思うわけです。

いまの自分はどうせダメだ、愚かで、罪も深い。だからいまはダメだけれど、死んでから仏になると言ってくださるのだから、それを信じて死んだ後で完成すればいい。生きているうちはダメでもともとである。

私は、このような信仰がはたして浄土真宗なのだろうか、親鸞聖人の真実の信心なのだろうかという疑問がいつまでも拭えないのです。そして、そういう疑問を持ちながら、この近代教学の先生方、特に曽我量深先生の講義を聞き、その著書にぶつかって読んでいくと、かなり大胆に死後に実体化された浄土理解、浄土教理解を破るような発言をしてくださっているのです。

泉原龍見先生が住職をなさっている広島の法正寺で曽我量深先生がお話になった、有名な昭和三（一九二八）年の講義記録があります。『本願の仏地』（曽我量深選集第五巻所収）という書物です。曽我先生の講演録の中で、『歎異抄聴記』（選集第六巻所収）とか『親鸞の仏教史観』（選集第五巻所収）とか、大変に有名な重要な講演があるわけですけれども、それに匹敵して勝るとも劣らない内容を持っている『本願の仏地』という講演があります。

この中で曽我先生は「求めて求めて得られないものが方便化《ほうべんけ》身土《しんど》である。求めずして与えられるものが真実報土《しんじつほうど》である」とおっしゃっています。

「仏地」という言葉は親鸞聖人の「化身土巻」の結び、つまり『教行信証《きょうぎょうしんしょう》』の結びにおいて、「慶《よろこ》ばしいかな、心《しん》を弘誓《ぐぜい》の仏地《ぶつじ》に樹《た》て、念《おもい》を難思《なんじ》の法海《ほうかい》に流す」（『教行信証』「化身土巻」、聖典四〇〇頁・註釈版四七三頁）という言葉があります。『浄土文類聚鈔《じょうどもんるいじゅしょう》』

（『略文類』）の中にも「慶《よろこ》ばしきかな、愚禿《ぐとく》、仰いで惟《おも》いみれば、心《しん》を弘誓《ぐぜい》の仏地《ぶつじ》に樹《た》て、情《じょう》を難思《なんじ》の法海《ほうかい》に流す」（聖典四〇九頁・註釈版四八四頁）という言葉もあります。

仏地というのは、凡夫地、菩薩地、仏地という言葉があって、人間が修行して仏になっていくという時に、展開していく位を「地」といいます。これは『十地経』という経典があって、初地、二地、三地と上がっていくその最後の階梯《かいてい》が仏地です。これを聖道門においては、人間が求めて上がっていって最後に至る位だというわけです。仏地に行こうと努力する。

それは、親鸞聖人が「弘誓の仏地」と言われるように、如来の大地です。この浄土の教えは法蔵菩薩の大悲の本願として、われわれに呼びかける。それを信じるということは、われわれがそれを大地にするということです。それは、如来の弘誓がわれわれの大地になる。如来の本願が仏地なのだということです。その仏地にわれわれの心を樹《た》てるのだということです。このように言われるわけです。これが曽我先生の「本願の仏地」というテーマの根拠だろうと思います。

安田理深先生との出遇い

私も学生の頃から、曽我先生の教えを、こんな分からない話はないと思いながら学んできました。幸いなことに、私には京都に曽我先生の一《いち》の弟子と呼ばれる安田理深先生がおられて、またこの先生が懇切丁寧に相応学舎において仏法の話をしてくださいました。その安田先生の会座《えざ》に、二十年余りも身を置くことができたのです。

安田先生は在野の立場で、生涯、一人の求道者として道を求め、曽我先生から学んだ唯識教学をベースに、さらにキリスト教神学や西洋哲学との対話を通して本願念仏の仏法を語ってこられた方です。『安田理深選集』（文栄堂）や『安田理深講義集』（弥生書房）が出版されています。

私は運よくといいますか、生まれた年代が幸いして、曽我量深、安田理深という先生方の在世に遇《あ》うことができました。難しいことではあったけれども、この先生方のご苦労の一滴を通して、親鸞聖人が一番言いたい極意のところを垣間見ることができました。

この先生方がおられなかったら、私はとても親鸞聖人の教えを理解できなかったし、浄土真宗の教えの一番大事なところが分からないままで、消化不良のままで念仏していたと思います。本当の真実がここにあるという確証が持てないままに死んでいったのではないかと思います。仏法のよき師との出遇い、それは私の人生のすべてであり、仏法を生きること、仏道を歩むことのすべてであります。

比叡山の修行と法然聖人との出遇い

親鸞聖人が、
曠劫多少《こうごうたしょう》のあいだにも
出離《しゅつり》の強縁《ごうえん》しらざりき

本師源空いまさずは
このたびむなしくすぎなまし
（『高僧和讃』、聖典四九八頁・註釈版五九六頁）

とおっしゃった。法然聖人に遇わなかったならば、親鸞聖人ご自身はこの人生が虚《むな》しく過ぎたであろうとおっしゃっているわけです。

親鸞聖人は高熱を発しても『無量寿経』を忘れないほどに読み込んでいるわけです。五十八歳の時ですね。高熱にうなされながら『無量寿経』を読んでいたと『恵信尼文書』にあります。

善信《ぜんしん》の御房《おんぼう》、寛喜三年四月十四日の午《うま》の時ばかりより、風邪心地すこしおぼえて、その夕さりより臥《ふ》して、大事におわしますに、（中略）臥して二日と申す日より、『大経』を読む事、ひまなし。たまたま目をふさげば、経の文字の一字も残らず、きららかに、つぶさに見ゆる也。
（聖典六一九頁・註釈版八一五～八一六頁）

これはつまり若い頃に文字をしっかり読み込んでいたから、高熱にうなされながらもお経を読み、文字が一字一字出てきたというのです。そのように読み込んだのは比叡山時代ですね。

比叡山で親鸞聖人は、浄土の流れの中にいたと考えられ、『無量寿経』はもちろんのこと、源信僧都《げんしんそうず》の『往生要集《おうじょうようしゅう》』も、あるいは源信僧都が引用しておられるようなたくさんの論書も、『教行信証』をお書きになるほどの資質の方ですから、暇さえあればそのようなものを探究しておられたのではないかと思います。

そういう親鸞聖人が比叡山でどのような修行をし、何に迷ったのか。おそらく親鸞聖人は常行三昧堂《じょうぎょうざんまいどう》の堂僧《どうそう》だったのではないかといわれています。常行三昧堂の堂僧というのは、中国の天台大師智顗《ちぎ》の言う四種三昧（常行三昧・常座三昧・半行半座三昧・非行非座三昧）の一つで、阿弥陀如来の周りをぐるぐる歩き回る行、九十日間歩き続ける行、つまり常行三昧を行ずる御堂の世話役でしょう。上座三昧というのは、常に座っている行ということです。半行半座三昧というのは、座ったり歩いたりするということです。そういう生活をしながら仏法を念ずる。

阿弥陀如来を念ずるということは西方浄土を自分の生活の内容にする。つまり、三昧を通して悟りを得るまで歩き続けるという行が常行三昧の修行です。その常行三昧堂におられたということは、念仏しながら歩き回っておられた。歩き回る中で念仏をしておられた。

阿弥陀如来をご本尊として念仏する。天台の教えの中に入ってきている浄土教は、浄土教なのだけれども、浄土の教えも自力の修行内容として悟りを開く方法に使うというものです。親鸞聖人は、南無阿弥陀仏をさんざん称える生活をしていたわけです。そして二十九歳の折に法然聖人のもとへ帰依したわけです。

親鸞聖人がどういう疑問を持って法然聖人のもとへ行かれたのか。これはさまざまなことがいわれていますけれども、『教行信証』の中の言葉でいいますと、

建仁辛の酉《けんにんかのと とり》の暦《れき》、雑行《ぞうぎょう》を棄《す》てて本願に帰す。

（『教行信証』「化身土巻」、聖典三九九頁・註釈版四七二頁）

とあります。

「雑行」というのは、自力を根拠として人間の努力でもって悟りを開いていくという

発想です。「本願に帰す」ということは、本願他力に帰するということです。この決断をされて法然聖人の門下になられたわけです。その時の思想的転換の内容というものが、本当のところよく分からない。

これまでの仏教は人間存在に可能性があるから、その可能性を展開すれば完成する。芽があるのだからそれを育てていけば実がなる。そういう考え方で仏陀の教えを聞き、それを修行したり学問したりして成就するという考え方ですね。それに対して、本願によって自力の心を離れるという決断をされたとは、いったいどういうことなのでしょうか。

「成熟」とはどういうことか

話が変わりますが、大阪大学の総長をされている鷲田《わした》清一《きよかず》という哲学者、倫理学者をご存知でしょうか。この方は、京都大学の哲学科を出られた方ですが、哲学の先生らしくない、非常に分かりやすいやさしい話をして人気のある先生です。分かりやすいようだけれども、考えている問題はそう簡単に分かる問題ではない。さすがに哲学という深い思索をされている方です。

先日、鷲田先生に東京の親鸞仏教センターに来ていただき講義をしていただきました。親鸞仏教センターについては、ホームページを開設しているのでそちらをご覧ください（http://shinran-bc.higashihonganji.or.jp）。そこで出されたテーマが「成熟の意味について」というものでした。その講義内容は、センターが出している『現代と親鸞』（第十七号）に掲載される予定です。また楽しみに読んでいただきたいと思います。非常に面白い話で、考えさせられました。

要するに、現代という時代に成熟ということがあるのだろうか、成熟というものがなくなってしまったのではないだろうか、という問題提起でした。そこから完成して熟する、「成熟」とは何だろうかということを考えているわけです。

親鸞仏教センターで講演会を催す時には、先生方の後で、私が少し付け加えて話させていただきます。「成熟の意味について」という題を出されて、私の立場からは、本願を信じるということはどういう意味において成熟という意味に適うのか、私自身の問題意識よりこの問題に答え得るかと考えて、信仰における「時」の意味という視点から話をさせていただきました。

鷲田先生は人間が完成すると言われる。また、相対的には歳をとってあの人は円満になったとか、あの人は人格が出来てきたというような言い方があるが、別の言い方をすれば生命力が落ちてきた、生きる力が衰えてきて、もう頑張れなくなってきたということでしかないのではないか。そのようにもいえる、と。

たとえば、自分が大事にしている茶碗を、子どもが落としたら、「何をするか」と怒るところですけれども、孫が落としたなら「仕方がないか」という感じです。つまり生命力が落ちたんだと自己反省するわけです。

真宗において「成熟」とは

親鸞聖人の教えでは、いったいこの世での成熟ということをどのように考えることができるでしょうか。ご承知の通り親鸞聖人は、

専修念仏のともがらの、わが弟子ひとの弟子、という相論のそうろうらんこと、もってのほかの子細なり。親鸞は弟子一人《いちにん》ももたずそうろう

（『歎異抄』第六条、聖典六二八頁・註釈版八三五頁）

と語られ、自分が完成したからほかの人にも教えてやるというような立場には、一生涯立たなかった方ですね。

どこまでも自分は愚かな凡夫である。罪悪深重の凡夫である。そのことを非常に厳しく問われ、決して自己を許さなかった。そういう考え方に立ちながら、如来の大悲によって救われるということをおっしゃるわけです。真実信心をいただくならば如来

と等しいと、真実信心をいただく人は弥勒《みろく》と同じであると公然と言うわけです。ある意味完成しているというのです。

『正像末和讃』で、

念仏成仏の願により
等正覚にいたるひと
すなわち弥勒におなじくて
大般涅槃《だいはつねはん》をさとるべし

（聖典五〇二頁・註釈版六〇五頁）

と語っています。弥勒というのは金剛心の位の菩薩です。菩薩道という上昇していく人間の究極の位を金剛位というのであって、その位にあって成仏してしまうかどうかというところで、いま自分が成仏してしまえば苦悩して残っている人びとを置いてきぼりにしてしまうから、自分は成仏しない、ここで止まると宣言するわけです。

そして、人類滅亡の時までこの位に止まって、あらゆる衆生、あらゆる亡者を引き連れて成仏しようと、五十六億七千万年待ちましょうと誓われた。それが弥勒菩薩ですね。

五十六億七千万
弥勒菩薩はとしをへん
まことの信心うるひとは
このたびさとりをひらくべし
（『正像末和讃』、聖典五〇二頁・註釈版六〇四頁）

そういう弥勒菩薩の位というのは完成した位であるが、完全に完成してしまっては愚かな衆生を置いてきぼりにしてしまう。それをしないために金剛位に止まると言っておられる弥勒菩薩と、われら愚かな凡夫とが同じであると言われるのです。

どうしてそのようなことが言えるのだろうか。このことは、この世はどうせダメだから死んだら助かるという論理とどうも違うなあと思ったわけです。これはどこがどのように違うのか。このことが私の中でなんだかモヤモヤしていたわけです。

浄土真宗とは本願である

親鸞聖人が浄土真宗とおっしゃった。真宗ということを『教行信証』の「行巻」でおっしゃる時には、「念仏成仏《ねんぶつじょうぶつ》これ真宗」（聖典一九一頁・註釈版一八七頁）というお言葉を出されるわけです。浄土真宗というのは、「選択本願《せんじゃくほんがん》は浄土真宗なり」（『末灯鈔』、聖典六〇一頁・註釈版七三七頁）とも示されておりまして、浄土真宗とは本願なのだとおっしゃいます。本願によって愚かな凡夫が成仏するというのが真宗である、とおっしゃっているわけです。

そういう浄土真宗の教えを一般的気分である浄土教、死後の浄土で成仏するという論理にすり替えていくことは、親鸞聖人に対する冒瀆《ぼうとく》であると私は思います。たとえ異安心と言われようと、親鸞聖人の教えからするとその考え方は間違っているのです。

私は縁があって、東京のど真ん中、有楽町にある東京フォーラムというところで毎月お話をさせていただいております。そのお話が五十講を超えた時に、樹心社という出版社の方が本にさせて欲しいと言ってくださいました。それで、『浄土』という名前を付けて三冊の本にして出しました。

東京フォーラムでお話をさせていただいて気づいたことは、結局現代に生きる人間は、次の世があるという設定をほとんど信じられないということです。

有名な「白骨《はっこつ》の御文（御文章）」の中で蓮如上人は、

されば、人間のはかなき事は、老少不定《ふじょう》のさかいなれば、たれの人もはやく後生《ごしょう》の一大事《いちだいじ》を心にかけて、阿弥陀仏をふかくたのみまいらせて、念仏もうすべきものなり。

（聖典八四二頁・註釈版一二〇四頁）

と述べています。

次の世と言われても、この蓮如上人の「後生《ごしょう》の一大事《いちだいじ》」という表現も、実存的意味として、つまり「後生」とあるからといって文字通り、死んだ後にもう一回命があるという意味ではなくて、この命をいまわれわれが煩悩の関心で感じている意味だけではない意味、より深い意味といいますか、深層の意味といいますか、そういう転換をした意味にすれば頷けると思われます。

しかし、いまの命ではない次の命の大事な意味など、そんなことを言われたら私にとっては何のことか分からない。それは私だけの問題ではなくて、たぶん現代人の共通感覚だろうと思って私はお話をさせていただいているわけです。

浄土は死んだ後にある世界なのだと信じている人にとっては、私の話は耳に入りにくいことでしょう。また、腹が立つでしょう。でも私には、死後に実体化された浄土は信じられない。また、そのように信じてみたところで、現生《げんしょう》にどれだけの利益《りやく》が返ってくるのかと思うわけです。親鸞聖人はそのようなことを言っているわけではないだろうと思います。

吉本隆明の親鸞理解

吉本隆明という方がいます。最近では娘さんで作家の吉本ばななさんが有名になってしまいました。

吉本隆明さんは浄土真宗の本願寺派のご門徒です。この方は築地のすぐ近くの佃《つくだ》島《じま》の育ちです。おじいさんが九州から出てこられた。そして築地本願寺に毎日聞法に通われたそうです。

その吉本隆明さんは、親鸞聖人が比叡の山を降りる時にこれまでの浄土教を解体しようとしたのだと言われました。山を降りる時の関心というか、課題は何であったのかということはよく分かりませんが、親鸞聖人がその後の一生で成し遂げようとなさったことは、まさに思想家として吉本さんが言っている課題、浄土教の解体であったろうと思います。

吉本さんの親鸞理解については、『最後の親鸞』（ちくま学芸文庫）という本が参考になると思います。

浄土教を解体する

それまでの浄土教を解体するということはどういうことか。それまでの浄土教は現生では助からないのだから、死んでから助かることを当てにして阿弥陀如来の大悲を頼むというように、死んだらお浄土だということを当てにして生きている。確かにそれも人間にとってある意味での救いになる。

人間は、いま生きている命の中に、つまり現在において過去の時間を感じ、未来の時間を感じている。過去の時間には後悔や不満や恨みというものを感じ、未来には希望や不安というものを感じる。

現在生きているけれども、現在の内容は過去と未来に占領されている。その過去の恨みや後悔というものと、未来の不安や望みというものと、両方を本当に救い取って満足させるためには、場所を一度変えましょうということですね。

今のこの穢土《えど》はダメだけれど、浄土へ行って救われると言われれば、それはそれで救いになるのだと思います。しかし、そういう説き方で説いていることに親鸞聖人は納得しなかったのではないでしょうか。

鎌倉時代を生きられた人であるにもかかわらず、親鸞聖人ほど、その中世という時代を突き抜けて、非常に現代人の感覚にも訴えるほどの主体的な人間の深みをどこまでも見すえているような人はいません。中世的人間の世界観というようなものが、あの時代を生きた人たちの共通感覚であったというならば、親鸞聖人はそれを突き抜けているところがある。

私は、死後の救いということを親鸞聖人が化身土の問題として考え直そうとしておられるのではないかと思うのです。無量光明土は真実報土であるという言葉を作られて、真実報土の救いというものは方便化身土の救いとは違うのだということを徹底しておっしゃる。

そして、真実報土の内容は「真仏土巻」に『涅槃経』を引文して明らかにされています。つまり、大涅槃の内容として考えていこうとしておられる。はたらく大涅槃といいましょうか、本願となってはたらく大涅槃の内容として考えようとしておられるのではないか。そういう大涅槃の内容が人間にはたらきかけてくる、呼びかけてくるはたらきとして、いただいていこうとされる。

それは、穢土では完成しないから彼のお浄土へ行ったら完成するという考え方でも捉えられるかもしれません。しかし、親鸞聖人はそういうものの考え方を破ろうとされたのではないか。

一般仏教が人間を育てて必ず仏になるという発想で成り立っているのに対して、浄土教はこの世で育つことができないから場所を変えて育てようということにした。表に置いておいたのでは枯れてしまうから、温室に入れて育てようという。そういう場所を変えて育るという教え方をして、浄土教は人を説得しようとする。法然聖人もそのような考え方だったと思います。ところが親鸞聖人は、それだけでは満足されなかった。

如来の欲生心とは何か

私も七〇歳になったので、古希《こき》の祝いをしようとまわりの方々が言うわけです。私は歳なんてものは、とるものであって祝うものじゃないと言ったんです。断ったのですけれども、結局お祝いをしていただきました。それで、それならば、記念品として私は本を差し上げたいと思いまして、急拠まとめ上げたのが『親鸞思想の原点』（法藏館）という本です。

これは回向《えこう》という問題を中心として、親鸞聖人の教えの原点を考えようとしたものです。それは、親鸞聖人が本願の救いを語るのだが、なぜ本願の救いだけでは満足せずに回向ということをおっしゃったのか。法然聖人も本願成就の信心、本願成就の救いをおっしゃっているのですが、それになぜ本願成就だけではなくて、回向成就の救いを言わなければならなかったのか。

だいたい法然聖人は選択だ、親鸞聖人は回向だと、ほとんどの教学者は言います。そう口では言うけれども、それがどうしてなのかということについては、どうも納得できる領解がない。そういうことがありまして、親鸞聖人のおっしゃる回向とは何なのかということを課題にして考えておりました。

そういう課題を考えながら「信巻」を読んでおりましたら、その中の三一問答と呼ばれるところで、三信と一心の関係を論じられるのですが、信心ということについて至心《ししん》、信楽《しんぎょう》、欲生《よくしょう》という三信があると言われる。

親鸞聖人は、第十八願の言葉を重要な内容であると捉え、三信心という三つの心が重要な心なのだと押さえられる。その中で、至心の体は名号《みょうごう》である、信楽は信心そのものである、では、欲生とは何であるのかと。

これは本願寺派の方では言ってはいけないということにされています。このことを言い出すと「願生《がんしょう》づのり」で異安心に触れるから、これを言い出すと危ないぞとなるわけです。それで本願寺派では言わないようにしている。

ところが私が学んだ曽我量深先生は、欲生という問題を自分の大事なテーマとして、欲生とは何であるかということを渾身の力を込めて考えてくださっている。欲生というのは、如来の欲生心だといわれます。

しかし、如来の欲生心だといわれると何のことだか分からない。自分の中に起こる欲ならすぐ分かる。美味しい物が食べたいとか、水が飲みたいとか、あれが欲しい、これが欲しいとたくさんありますから、自分の中にある欲生心ならばよく分かる。この世は苦しい地獄の世界だから浄土に行きたいなあという欲も欲生だと思います。ところが、そういう欲は人間の欲だから、如来の欲とはいえない。

では、如来の欲とは何か。如来の欲は、十方衆生に往生して欲しいという欲ですね。十方衆生を救いたいということです。利他即自利《りたそくじり》、自利即利他の完全満足を一切衆生に与えたいという欲ですね。それを欲生心として衆生に呼びかける。

その欲生心が、分かったような、分からないような話だなあと思っていましたら、親鸞聖人は「信巻」に、欲生心成就の文という言葉を作られている。また本願成就の文という大事な言葉があります。これは、お釈迦さまが本願の教えを説くことは、その本願の教えを聞いた衆生の上に如来の願いが成就するのだ、ということです。

生老病死を超絶する

では本願はどのような形で成就するのかというと、「聞其名号《もんごみょうごう》　信心歓喜《しんじんかんぎ》」だと、名号を聞いて信心歓喜が起こるのだというのです。それが本願成就だと。ところがその後に、「聞其名号　信心歓喜　乃至一念　至心回向　願生彼国　即得往生　住不退転　唯除五逆　誹謗正法」（『教行信証』「信巻」、聖典二一二頁・註釈版二一二頁）と書いてあります。

法然聖人は、『選択集』の本願章において成就の文を引用される時に「唯除五逆　誹謗正法」という言葉を外しておられます。これは例外を作ることになるからだということでしょう。如来が一切衆生を救いたいというのに、五逆誹謗正法は除くという。これは本願の心ではないと、法然聖人は外しておられます。

ところが親鸞聖人は欲生心成就の文といって「聞其名号　信心歓喜　乃至一念　至心回向　願生彼国　即得往生　住不退転　唯除五逆　誹謗正法」と全部書いておられる。こういうことを書いておられるということには、どのような意図があるのか。引文だけ書いてあって註釈しておられませんから、読んでみても何を言っているのか分らないわけです。

『一念多念文意』を講義させていただいている時に、親鸞聖人のおっしゃる意味がチラッとみえてきました。「信巻」の欲生心釈では、欲生心成就の文として本願成就文の「至心回向」以下を引いておられる。それは、如来の欲生心が成就するということは、至心回向から始まるというわけです。法然聖人は至心回向を「聞其名号　信心歓喜　乃至一念」まで、本当に喜んで、いまのひと時まで南無阿弥陀仏の一声までに回向して、浄土に回向して願生すれば得生するという。本当に願生して一念まで回向すれば得生しますよと読んでいるわけです。

『一念多念文意』で、

「至心回向」というは、「至心」は、真実ということばなり。真実は阿弥陀如来の御《おん》こころなり。「回向」は、本願の名号をもって十方の衆生にあたえたまう御《み》のりなり。

（聖典五三五頁・註釈版六七八頁）

と述べています。

親鸞聖人は「至心回向」で切った。本願信心の願成就の文は、「聞其名号　信心歓喜　乃至一念」であるというわけです。この一念の時という、われわれが生きているこの時の中でわれわれは本当に満足を得られるか。われわれは生きているあいだ不平不満を持ち、煩悩が離れない。すなわち成就するということがない。このように煩悩を人生の最期まで抱えて生きているわけです。

ところが親鸞聖人は「信巻」の信の一念のところに、煩悩成就の凡夫に一念が成り立っているという。その一念のところに「横《おう》に五《ご》悪趣《あくしゅ》を截《き》り、悪趣自然《あくしゅじねん》に閉《と》ぢ」（『教行信証』「信巻」、聖典二四三頁・註釈版二五四頁）と『無量寿経』の文を置きます。つまり、信の一念の註釈を読みますと、びっくりすることが書かれているわけです。

信心を獲得するならば、もうそこで生老病死を超絶《ちょうぜつ》するのだと。善導大師の言葉を用いて「横超断四流《おうちょうだんしる》」と言われます。四流というのは生老病死です。生老病死を超絶するのだと書いておられます。そういうことを凡夫において言えるのかということですね。でも、信の一念が成り立つということは、そういう意味を持つのだというわけです。

聖道門だと、此土《しど》で悟りを開くから生老病死を超絶すると言ってもいいかもしれません。浄土門はダメだろう。生きているうちはダメだろう。死んだら超絶するんだと。そうしたらその内容は、「証巻」に置くか、「真仏土巻」に置くかであって、「信巻」で語れる問題ではないだろうと思います。

しかし、親鸞聖人は『教行信証』の「信巻」の信の一念の内容として、「横截五悪趣《おうぜつごあくしゅ》」あるいは「横超断四流《おうちょうだんしる》」という問題を押さえている。このことと、われわれの生活の中に本当に満ち足りた時を持つということが、どうしたら成り立つのかという課題にぶつかるわけです。

清沢満之「他力の救済」

人間の日常は、生活していく中で本願を忘れていろいろなことを感じて生きている。六根（眼・耳・鼻・舌・身・意）がいろいろなものを感じて、人間の意識が動く。その時には煩悩の意識というものが常にくっついてきます。

朝から晩まで煩悩と共にある。煩悩がある、煩悩を抱えて生きているのだから助からないだろうというのは、本願の生活を離れればその通りです。

だから清沢満之は、「他力の救済」ということを言うわけですが、他力を忘れればこの世は闇である。しかし、思い起こせば光の中にある。少し長い文章ですが、紹介しましょう。

「他力の救済」

我《われ》、他力の救済を念ずるときは、我《われ》が世に処するの道開け、我《われ》、他力の救済を忘るるときは、我《われ》が世に処するの道閉ず。

我、他力の救済を念ずるときは、我、物欲のために迷わさるること少なく、我、他力の救済を忘るるときは、我、物欲のために迷わさるること多し。

我、他力の救済を念ずるときは、我が処するところに光明照らし、我、他力の救済を忘るるときは、我が処するところに黒闇おおう。

嗚呼《ああ》、他力救済の念は、よく我をして迷倒苦悶の娑婆を脱して、悟達安楽の浄土に入らしむるが如し。我は実にこの念によりて、現に救済されつつあるを感ず。もし世に他力救済の教えなかりせば、我はついに迷乱と悶絶とを免れざりしなるべし。しかるに、今や濁浪滔々《だくろうとうとう》の闇黒世裡にありて、つとに清風掃々の光明海中に遊ぶを得るもの、その大恩高徳、豈《あ》に区々たる感謝嘆美の及ぶところならんや。

（明治三十六年六月発行『精神界』所載）

光の中にあるということと、闇を生きているということは、同じ人間の自覚が転じた時の内容です。いったん光になったらずっと光なのかといったら、そういうわけではない。忘れれば闇である。闇なんだけれども、思い起こせば光の中にある。そういうことが親鸞聖人のおっしゃる信仰生活だと清沢満之は言ったわけです。

親鸞聖人における横の救い

一遍念仏したらずっと助かる。煩悩も苦悩もなくなる。そんなことを親鸞聖人はおっしゃっていません。親鸞聖人は、自分はどこまでも愚かな凡夫だと言われます。

浄土真宗に帰すれども
真実の心はありがたし
虚仮《こけ》不実《ふじつ》のわが身にて
清浄の心もさらになし

（『正像末和讃』、聖典五〇八頁・註釈版六一七頁）

「浄土真宗に帰すれども」と、帰していないのではない。浄土真宗に帰した。選択本願に帰した。他力の本願の中にある。しかし、真実の心はない。愚かな凡夫であることには変わりがない。

けれども、一歩一歩だんだん良くなるという考え方からいうならば、この変わらないということは信仰の意味はゼロではないのかと、元《もと》の木阿弥《もくあみ》でまったく進歩がないではないかと理解されてしまうわけです。

ところが親鸞聖人は、進歩主義的な、だんだん良くなる、人間が念仏すれば少しはましになって仏になるというような発想の仏法は聖道門なのだ、というわけです。そういう考え方で念仏をいただくならば、縦型、竪超《しゅちょう》竪出《しゅしゅつ》の考え方だとおっしゃるわけです。

努力すれば良くなる。あらゆる仏法は縦型で成り立っている。それに対して本願の教えは横だとおっしゃるわけです。これが私は分からなかった。横の救いとは何だろうかと。横とは本願力をあらわすと言っておられるわけです。ということは人間の発想は、ほとんど縦型なわけです。

われわれの実存とメリトクラシー

こちらの会の松田正典先生の『真実に遇う大地』（法藏館）を読ませていただきました。その中に、メリットかデメリットか、得か損か、善か悪かという人間の功利主義的な考え方を成り立たせているその基礎となるものを、メリトクラシーという言葉で示されていました。

メリットを求めて人間はだんだんと進歩していく。メリットを積んでいけば人間はだんだんとましになっていく。デメリットは嫌いである。善悪でいうならば、善は好きであり、悪は嫌いであるという考え方。これが現代のわれわれの実存だとおっしゃっています。

実存というのは現実存在ということでしょう。現にわれわれはそういう発想をやめることができない。人間の人間らしさというのは、理性にあるというのだけれども、理性の発想というのは常に計算をもって、得を選び損を嫌う。そして間違って損をしてしまうわけです。

だから便利を求め不便を嫌い、何でも楽にしてしまうことを進歩だと感じるわけです。進歩するということはメリットが多くなることだと思っているわけです。

松田先生の発想をお借りするならば、縦型の発想というのはメリトクラシーということです。積み上げて、積み上げて人間がましになっていくという発想です。しかし、それでは人間は助からない。助からないどころか苦悩のどん底に落ち込んでいくわけです。

孤独地獄を生きる現代人

東京から広島に来て一泊させていただきました。広島の町をぐるっと見て回って、何十年前の東京には残っていて今はすっかり失われた、人びとの非常に生き生きとした暮らしぶり、それぞれの人が日々の生活に忙しい中で生きていることに喜びを感じている雰囲気がまだ残っているなあと思いました。

東京という町は、町のど真ん中からは人がいなくなった。ビルだけになって昼になるとたくさんの人が集まってくる。その人たちは、その土地に何の愛着もないし、ただ給料を貰いにやって来ているわけです。

ですから殺伐とした顔をして、お互いに挨拶もしないし、他人面をしてやって来て、仕事だけをして給料を貰って帰っていくという町になってきているわけです。いわゆるドーナツ化現象ですね。

浅草にある私が住職をさせていただいているお寺のように、もともと町の真ん中にあった寺からすると、真ん中から人がいなくなって、夜になると本当に寂しいわけです。回ってくるのはお巡りさんぐらいですね。もうそれは町ではないですよ。廃墟です。そういう大都会の町から来ると、広島の人びとが生きている空間には、まだ血の通った温《あたた》かさがある感じがいたしました。

進歩するというけれども、進歩とはいったい何なのか。だんだんと近代化・工業化が進んで、生活の糧《かて》を稼ぐために町に集中して、結局積ったのは資本ですよね。

資本は確かに積ったのでしょう。しかし大勢の人間は決して幸せになったわけではない。人間性を喪失させていった。このことを誰も止められないわけですけれども、現代のわれわれはどんどんそのような道を走っている。

ですから、一つの比喩としていうならば、メリトクラシーは人間に幸せをもたらさない。けれども人間はそれを求め続けるわけです。止められないわけです。

しかし、そうではない智恵とか喜びとか、人間として命をいただいた意味を与えることがなければ人間は孤独地獄です。人がたくさんいるのに誰もいない。そういう孤独地獄を生きている。

私の住んでいるところは浅草ですから、かなり人が密集しています。たとえば私が一時間散歩をしてきたとします。おそらくこの広島だったら、少し散歩をしただけでたくさんの人が見ていると思います。

ところが浅草で一時間歩いても、誰も私のことを見ていない。誰も知らない。お互いに無関係です。それが巨大都市東京の実態です。

人がいっぱいいるけれども人がいないんです。これは悲劇ですよね。メリトクラシー、つまり縦型の人間の発想だけで人間を成就することはできないということは明らかです。

念仏批判と本願力回向

では、それに対して横とは何でしょうか。親鸞聖人がそれまでの浄土教を解体してでも、新しい浄土教を打ち立てようと思ったと吉本隆明さんが言う意味は、人間を完成させて救われるのではないということです。成熟して人間が助かるのではないという発想の転換を見出した。そのことに気づいたのではないかと私は思います。

普通、人間はそういう発想の転換ができないわけですよ。上に上がっていけなければ不平不満ばかりであって、なんとか這《は》い上がっていこうとする。念仏もその発想に役に立つだろう思って念仏するのが聖道門における念仏です。

法然聖人は念仏が本願に誓われた行であり、念仏は正行《しょうぎょう》である、正行一つをとれば必ず浄土に行って助かるとおっしゃるわけです。本願一つを選びとるという決断は、法然聖人のお仕事です。専修念仏《せんじゅねんぶつ》ということですね。

菩提心《ぼだいしん》もいらないとおっしゃった。だから明恵《みょうえ》は『摧邪輪』を著わして法然を批判した。聖道門の方々は激怒した。菩提心もいらないと言ったら、誰が仏になるのだという話になる。念仏して助かるというけれども、助かる人間とは何なのだと。凡夫がそのまま助かるのならばそれは外道《げどう》だと言われるわけです。

ところが、専修念仏の根拠は本願なのだという法然聖人の主張に親鸞聖人は深く頷いた。深く頷いて、だから本願の救いは人間の資格も努力も関係なく、修行の長短を問題とせず、男女貴賤を問わず、一切平等に仏になるということです。

本願の救いとはみな平等に助かる。そのことを信じる。親鸞聖人からいうと、法然聖人を信じるわけではありません。法然聖人が信じた本願を信じる。本願を信じれば誰が信じようとも平等に仏になると信じたわけです。

ですから、親鸞の信心も法然聖人の信心も同じだとおっしゃるわけですね。そのことを本当に成り立たせる根拠とは、本願力回向にあると気づいたわけです。至心回向にあると気づいたわけです。

つまり、如来が廻《めぐ》らしてくださる。自分から本当だと取るのではなくて、大いなる無限なる大悲が、大悲の側から転じて有限なる身の中に入ってきて、そして動きだす。それが回向だと。本願が動きだすというと何となく他人事に聞こえてしまいます。本願が成就すると言っても他人事に聞こえる。本願が成就して人間が助かるとはどういうことでありましょうか。

蓮如上人と『安心決定鈔』

昨日、松田先生より大変面白い問題を出していただきました。蓮如上人の教えの中に入っている『安心決定鈔《あんじんけつじょうしょう》』という書物の問題です。私はそのことに気づかなかったのですが、『安心決定鈔』の問題をある意味で蓮如上人は厳しく批判をしています。それは、十劫正覚《じっこうしょうがく》の問題です。

『無量寿経』の中で法蔵菩薩が本願をすでに成就したと出てきます。いつしたのかというと十劫の昔に正覚をとったとあります。法蔵菩薩は菩薩であることを止《や》めて、阿弥陀如来になりましたとあります。十劫の昔に成仏したといいます。

中国の曇鸞大師《どんらんだいし》の『讃阿弥陀仏偈』を参考にして、親鸞聖人が、

弥陀成仏のこのかたは

いまに十劫をへたまへり

法身《ほっしん》の光輪きわもなく
世の盲冥《もうみょう》をてらすなり
（『浄土和讃』、聖典四七九頁・註釈版五五七頁）

と詠《よ》まれていますね。ですから親鸞聖人も十劫ということを無下には否定していない。ではどういう意味なのかということです。

『安心決定鈔』の著者は確定していませんが、この本では、法蔵菩薩が十劫の昔に阿弥陀如来となり悟りを開いているということは、十方衆生が往生せずば自分は正覚を取らじと言って成就したということで、一切衆生は往生したということなのだというわけです。往生していないというのは気づいていないだけで、往生しているのだと。法蔵菩薩の本願を信じれば阿弥陀は阿弥陀如来になっているのだというわけです。阿弥陀如来になっているのだから、みんな往生しているのだという論理です。

もう自分は助かっていて、浄土の中にいるのだと考えよというのです。このような内容が『安心決定鈔』には出てくるわけです。それは西山義《せいざんぎ》といいまして、証空《しょうくう》上人の考え方にあるわけです。そういう考え方というのは、聖道門の考え方にもなるわけです。気がつかないのは迷いがあるからで、悟れば浄土なんだというわけです。

　ところが蓮如上人は、その十劫正覚は間違いだと批判します。求める限りにおいて凡夫であるから、まだここに浄土はないのだと言われます。だからこそ「後生の一大事」と語るわけです。

　これが人間の発想からすると、どうしても積み上げ型の一本線として捉えてしまいます。人間である場合は、どうやって積んでもダメだから、死んだ後に、という具合に考えてしまうわけです。蓮如上人の言葉もそこのところがどうも分からない。さすがに蓮如上人も死んだら成仏するなどとはおっしゃらない。それらしいことは言われるけれども、決してそうは言わない。

　何かそこに一念の信心の救いというもの、親鸞聖人の一番大事な教えに対する態度がずっとあるのだと思います。ただ分かりやすくするためにはどのように表現したらよいのかと考えて、この世は穢土である、念仏してここが浄土だと言うと、これは聖道門の考え方になってしまう。あるいは西山派の考え方になってしまう。

ここが浄土でないならば、やはり死んだ後だとなってしまう。そうすると一応は分かるわけですね。縦型の発想の究極が死んだ後でということになりますね。死の壁のところまでは念仏して行って、死んだら浄土なのだという。やはり考え方に縦型が残っているのですね。

だから私は、死んだ後に浄土へ行くという考え方は、化身土ではないかと言うわけです。第十九願成就文や、第二十願成就に対応する『阿弥陀経』には臨終が付いています。しかし第十八願の因果には臨終という言葉がないのです。

現生正定聚とは何か

先ほど言った「至心回向　願生彼国　即得往生　住不退転」ということも、よく考えていただきたいのです。親鸞聖人の一番大事な教えは現生正定聚《げんしょうしょうじょうじゅ》です。これをどのように考えるかといいますと、現生にはまだ穢土だから、死んだら浄土だと正定する。

たぶん本願寺派の教義学は死んだら必ずと、死を条件として入れて、それで定めるという意味になっているのでしょう。しかし、私は、親鸞聖人がそのようにおっしゃっていますかとお尋ねしたい。全然そうは言っておられません。

親鸞聖人のお考えは、欲生心成就の文、至心回向があるならば、「願生彼国 即得往生 住不退転」ということが本願の信心の行者の内容になりますよということです。だから現生に不退転に住すると言われるわけです。

現生に正定聚をいただく。不退転に住するということは、必ず仏になるということで、放っておいても必ず仏になるという位をいただけるのだ。だから弥勒と等しいのだ、と。弥勒だって放っておけば仏になるのだけれども、あえてここで止《とど》まる。

つまり、われわれは凡夫だけれども、弘誓の仏地に乗るならば、本願の仏地に樹《た》つならば、それは凡夫のままに仏になる身に定まっているから、なりたいなどとは思わなくてもよいわけです。如来に任せればいいのだと。縦型の発想は、上に行って上に行って、そして初めて完成だというわけですね。ところが横の発想というのは、横から来るものによって助かるということで、ここですでに助かっているのだということです。

しかし、このようには考えにくいわけです。これは人間の考えではないからです。横から来る救いに遇うということは、本願力の救いです。人間は縦型の発想しかできないから、どうしても上に行って助かるんだと考えてしまいます。だから、人間は上になんて行けないと思い、それでも行こうとするから苦しくなるのだと言われるのです。

人間には上には上があると、比較する煩悩があるのです。比較する煩悩があって、なんとか自分の方が上だと思いたいものだから、いろんなことについて差を作るわけです。

東京に住んでいますとなんだか偉くなったような気がするのですね。東京都内に住んでいる人は税金が高いのに、隣の県に住みたがらないのです。一つ道路を越えたら、川を渡ったら隣の県であっても住みたがらない。上には上を求めて差別化してしまっているのです。

人間の考えることは状況によっていくらでも変わるわけですが、その中で自分が少しでも偉いと思いたいのですね。哀れなものです。それで一番上に行ってみたら何のことはない。つまらないところだったということに気づくわけです。

信心の救いと真実報土

親鸞聖人のおっしゃる救いとは、信心の救いだということです。つまり仏になった救いではなくて、愚かな凡夫のままに真実の信心をいただくならば、信心をいただくということにおいて本願が成就するのだということです。

蓮如上人も『聖人一流の御文（御文章）』の中で、

聖人一流の御勧化《ごかんけ》のおもむきは、信心をもって本《ほん》とせられ候う。

（聖典八三七頁・註釈版一一九六頁）

とおっしゃっていますね。信心に本がある。南無阿弥陀仏を称えよ。専修念仏というのは法然聖人が選んだ教えですね。しかし、称えている人間が自己肯定する。称えればいいのだ、大きな声で称えればいいのだ、たくさん称えればいいのだ。これは結局人間の努力ですね。人間の努力で助かるならば、それはやはり縦型であるわけです。そうではない。人間は愚かなままに、罪悪を消すこともできない。

人間の発想の中には念仏も入ってきますから、念仏滅罪《めつざい》というように、念仏したら罪が消えるというのは『観無量寿経』の教えですね。親鸞聖人は『観無量寿経』を第十九願意だと押さえます。つまり諸行往生の教えだと考えます。

念仏すれば罪が消えるよと言ったら、人間は弱いから飛びつくわけですね。しかし、それは誘い水です。人間を誘って人間を念仏の教えに帰依させる手がかりです。それが『観無量寿経』の方便化土の教えだと思います。手がかりであって入口です。そこから歩んで本当の教えに帰する。

本当の教えに出遇うというのは、これが大変なことなのです。『唯信意文意』に縦型の発想、つまり、念仏して方便化土に入ってしまった場合に方便化土を転じて真実報土に帰する、その時にかかる時間、これが「多生曠劫《たしようこうごう》」と書いてある。要するにほとんど無駄だということですね。

雑行《ぞうぎよう》 雑修《ざつしゆ》して定機散機《じようきさんき》の人、他力の信心かけたるゆえに、多生曠劫をへて、他力の一心をえてのちにうまるべきゆえに、すなわちうまれずというなり。もし胎生《たいしよう》辺地《へんじ》にうまれても五百歳をへ、……

（聖典五五七頁・註釈版七一四頁）

化身土に入ってしまったら出られない。教えでは五百歳と書いてあります。五百歳のあいだ虚《むな》しく過ぎてしまうというのが方便化土の教えですから、そこに止まってはならないと教えるけれども、そこを転じて真実報土に帰するには無限の時間がかかると親鸞聖人は書いておられます。

諦めてはならないけれども、そう簡単には入れませんというわけです。真実報土というのは、縦型の発想では絶対に行けないということです。転じるということが容易なことではない。

摂取の心光の中にある

親鸞聖人が法然聖人のところへ百日間通ったと『恵信尼文書』にありますね。

法然上人にあいまいらせて、又、六角堂に百日こもらせ給いて候いけるように、又、百か日、降るにも照るにも、いかなる大事にも、参りてありしに……

（聖典六一六頁・註釈版八一一頁）

その百日の内容というのは、これだったのではないかと思います。つまり、どうして助からないのだろう。助かりたいと思ってどれだけ念仏しても一向に助からない。一向に明るくならない。どうしてですかと法然聖人に聞いても、ただ念仏しなさいとおっしゃるだけ。

では、なぜ念仏するのですかと聞くと、本願に依るからだと返ってくる。では、本願によって念仏するとなぜ明るくなるのか。このような問答に百日かかったのだと思います。

自分を根拠にして念仏する考えであれば、どれだけ称えても、確信が来ない。縦型ですから、称えた結果が来ない。そこから「本願に帰す」と記されている回心《えしん》をくぐって、本願の摂取不捨の中にあるという感覚になった時に、如来の本願が誓われていることを信じる。任せたのだから、本願が後は成就してくださるのだとなれるわけです。

こちらの煩悩があろうと、心が暗かろうと、光の中にあるのだなあと感じた時に光があるのです。「摂取《せっしゅ》の心光、常に照護《しょうご》したまう」(『教行信証』「行巻」、二〇四頁・註釈版二〇三頁)と「正信偈」にあります。

摂取の心光の中にあると信じる。信じる時にもう生老病死を超えるのだと。四流を超えるという宗教的な意味ですね。人間が死ぬことではないわけです。人間の自力心が死ぬことです。

だから「願生彼国　即得往生　住不退転」と書いてある。即得往生というのは、住不退転です。住不退転というのは即得往生だということですね。往生を得ると書いてあることの意味は、肉体が死んでどこかに行くということではなくて、宗教的な信念として救いがここに与えられるということです。

往生を得るといわれると、何か違う世界に行くというように感じてしまいます。われわれの体験の中で場所が変わって違う感情が与えられたと思ってしまいます。このような発想のままだったら、おそらく死んで行ったとしても、死んで行った場所はやはり娑婆《しゃば》ですよ。浄土のはずがない。

では、どこで転じ、ひっくり返るのか。力なくして終わる時、だんだん生命力がなくなって、そうしたらどうなるのかというと、完全に任せられる、ということの譬喩です。自分で歩きたいのだけれども、もう自分で歩けない。これはもうお任せしかないわけです。

凡夫のままに完成している横超の救い

私が言いたいのは、親鸞聖人のおっしゃる救いというのは、横超《おうちょう》の救いですから横から来るということです。本願力によって支えられるということを本当に感じるならば、それでいいのだと。そこからどうにかなろうという話ではないわけです。

信心によって救われるのです。本願力のはたらきに遇う、つまり回向に遇うということは、本願力の回向が私の分別を超えて、ここにしっかりとはたらいているということです。

親鸞聖人のお考えというのは、全部本願です。教も行も信も証も真仏土も全部が本願です。本願のはたらきが、いろいろな言葉を通してわれわれに呼びかけてくださっている。われわれが自分でするのは、自力でするると思う心すらも本願力のはたらきの中にある。ここに樹《た》てば、弘誓の仏地である。

弘誓の仏地に樹てば、求めずして真実報土の中にある。まだ来ていないというのは自力で、どこかにあるのだという妄念があるものだから、いつになったらそこへ行けるのか、と。どうやら生きているうちは行けない、死んだら行ける、という論理を立てるのは逃げでしかない。

私は親鸞聖人がなんとか言おうとして最後まで苦労された一番大事なところが、この横超の救いにあると思います。横超の救いとは何であるか。凡夫のままに完成しているということです。凡夫のままで仏になるのではない。凡夫は凡夫である。しかし仏の光の中にある。仏にならなくても、ここに仏の功徳をいただけるのだということです。

でも凡夫を離れない。凡夫を離れないで仏の功徳をいただけるということほど、不思議なことはないわけです。凡夫を止《や》めて仏になるのでしたら、何も不思議なことではない。

凡夫でありながら仏の功徳をいただける、これがありがたい。ですから凡夫である、煩悩が起こるということはダメなことではなくて、それだからこそ念仏者として生きていけるわけです。いよいよ念仏者として生きていけるわけですね。

この生き方が横超の生き方を生きるということではないかと思うわけです。これが親鸞聖人の本心だと私は信じております。このようにいただかないなら、どこかで方便化身土に止まる。あるいは、浄土真宗の本意のところにまで触れていないのではないかと思います。

ご存知のように親鸞聖人の晩年、建長七年の自筆のお手紙（「かさまの念仏者のうたがいとわれたる事」）が残されており、同文のものが『血脈文集《けつみゃくもんじゅう》』に収録されています（聖典五九四～五九六頁・註釈版七四六～七四九頁）。そこにも「真実の報土に往生する」ことについて語られています。しかし、その次のお手紙には慈信坊が門弟たちに「そらごと」を言って混乱を深めていることを聞いたと書き、ついに建長八年には義絶をせざるを得なくなられたのです。聖人八十四歳のことです。

親鸞聖人が真実信心の救いのことをなんとか最後までおっしゃろうとして、息子に

背かれるような目に遭《あ》いながらも、

弥陀の本願信ずべし

本願信ずるひとはみな

摂取不捨の利益にて

無上覚《むじょうかく》をばさとるなり

（『正像末和讃』、聖典五〇〇頁・註釈版六〇〇頁）

との夢告を受けて「喜びに書きつけたるなり」と記し、『正像末和讃』制作に励んでいかれたのです。親鸞聖人のご苦労を思い、真の宗教的救済の内実を本当にしっかりといただいていかなければならないと思います。

「藤秀璻先生を偲ぶ会」を閉じるに当って

仏教書だけでなく、ほかの本を読んでいる時なども、藤秀璻先生の面差しや話される声音、ことにやや高目の御声で朗らかに笑われる御姿が、私の加齢と共にたびたび脳裡に浮かびます。

思えば藤先生が広島寺町の徳応寺において九十九歳で遷化されたのが昭和五十八（一九八三）年四月二日、すでに四半世紀を過ぎる年月が流れました。最初に思い出されるのは、『藤秀璻選集』全八巻刊行のことです。詳しい経緯は平成七年発行の『藤秀璻先生』という冊子に記録してあります。

当時、先生の御著作は京都あたりまで古書店を渉猟しても入手が難しく、ぜひ刊行したいという熱意で刊行会が発足し、佐藤秀雄先生をはじめ多くの方々の真摯な集まりを重ねました。私事ですが、佐藤先生をはじめ皆様の深い人徳と、求道心に触れ、誠に有り難い御縁を頂きました。特に佐藤先生には、日頃から柳宗悦氏らと共々の御造詣について、故細川利郎先生、小笠原實君と小生の三人で、一席を設け、蘊蓄を傾けていただいた一夜の温かい雰囲気が忘れられません。選集の初版第一刷は昭和五十七（一九八二）年十二月二十日でした。選集が完成した時は藤先生は御存命で、老院の書斎で机の上に重ねた書冊に幾度も手を触れてお喜びになられたと聴き及んでいます。

藤先生御逝去の後、誰言うとなく「偲ぶ会」が作られ、今日まで続けることができました。会長の佐藤先生をはじめ役員の方々の広い人脈によって、例会の度に、重厚絢爛たる当代の第一人者を講師にお招きし、誠に有意義で懐の深いお話を聞くことができました。快くお引き受けいただいた講師の先生方に、改めて篤く御礼申し上げます。

藤先生の謦咳に接した方々も多くの方が逝去され、役員の方々も加齢が進み、遺憾ながら「偲ぶ会」を閉じることにいたしました。棹尾を飾るに相応しい本多弘之先生の御講話を冊子としてお届けいたします。宗教的情熱と気迫に溢れ、信心の強い筋の通ったお話で、身辺に置いて繰り返し繙いていただけるものと存じます。

最後になりますが、佐藤先生御逝去の後、いろいろな事情の重なりの中で、不肖私が会長の大役をいただきました。役員の方々、ことに泉原龍見先生に倚り掛り、何もせずに御迷惑をお掛けしたことを御寛恕のほどお願いいたします。

平成二十二（二〇一〇）年十二月

会長　小野泰一郎

「藤秀璻先生を偲ぶ会」開催経過

［広島で藤秀璻師をしのぶ集い］

　四月二日九十八歳で亡くなった藤秀璻師（広島市中区寺町、浄土真宗徳応寺住職）の遺徳をしのぶ集いが二十六日、広島市内のホールで開かれた。一足早い百カ日法要のような雰囲気もあって、藤師の教えに導かれてきた仏縁の人々約百人が集まった。席上、藤師と深い交わりをもっていた京都府立大学・西元宗助名誉教授が「分陀利華（ふんだりけ＝白蓮華のこと）」と題して記念講演し、師から受けた教えのあれこれを語った。

と中国新聞の「洗心」欄（昭和五十八年五月二十六日）に掲載されましたように、藤先生御命終後直ちに「藤秀璻先生を偲ぶ会」が発足し、以来二十五年間、ご縁深き人々、御教化いただいた同朋が集い、聞法を重ねてまいりましたこと、誠にありがたく大きな喜びでございました。また「偲ぶ会」に多大なる御支援を賜った、財団法人渋谷育英会小丸法之理事長、そして今はなき佐藤秀雄前会長に心より御礼申し上げます。ありがとうございました。

合掌

事務局　法正寺　泉原龍見

第一回　昭和五十八年五月二十六日
京都府立大学名誉教授
西元宗助　先生

第二回　昭和五十八年十月十五日
福岡教育大学名誉教授
細川巌　先生

第三回　昭和五十九年四月二十一日
詩人
大山澄太　先生

第四回　昭和五十九年十月二十七日
元京都女子大学学長
結城令聞　先生

第五回　昭和六十年五月十八日
大谷大学学長
寺川俊昭　先生

第六回　昭和六十年十一月十六日
京都府立大学名誉教授
西元宗助　先生

第七回　昭和六十一年四月二十六日
神戸商科大学名誉教授
井上　善右衛門　先生
第八回　昭和六十二年五月十四日
藤先生のテープを聴き座談会
第九回　昭和六十二年十月二十九日
詩人　大　山　澄　太　先生
第十回　昭和六十三年六月十八～十九日
山陰旅行
江津浄光寺　能　美　温　月　先生
温泉津安楽寺　梅　田　謙　道　先生
第十一回　昭和六十三年十一月十七日
京都府立大学名誉教授
西　元　宗　助　先生
第十二回　平成元年五月二十五日
浄光寺　能　美　温　月　先生

第十三回　平成元年十一月四日
安楽寺　梅　田　謙　道　先生
第十四回　平成二年五月二十六日
龍谷大学教授
朝　枝　善　照　先生
第十五回　平成二年十一月十七日
詩人　大　山　澄　太　先生
第十六回　平成三年六月二十七日
大谷大学学長
寺　川　俊　昭　先生
第十七回　平成三年十一月二十八日
千代田町　古保利薬師
藤先生発見の古仏像拝観
第十八回　平成四年六月十一日
「藤秀璻先生を偲ぶ会」会長
佐　藤　秀　雄

第十九回　平成四年十一月十九日
大谷大学教授
小野蓮明　先生

第二十回　平成五年六月三日
広島大学教授
松田正典　先生

第二十一回　平成五年十月二十八日
法円寺　霊《よし》山《やま》勝海　先生

第二十二回　平成六年六月二日
浄宝寺　諏訪了我　先生

第二十三回　平成六年十二月十五日
元大谷大学学長
寺川俊昭　先生

第二十四回　平成七年四月一日
藤秀璻先生十三回忌法要
安楽寺　梅田謙道　先生

第二十五回　平成七年十月十九日
龍谷大学教授
朝枝善照　先生

第二十六回　平成八年四月二十五日
大谷大学教授
小野蓮明　先生

第二十七回　平成八年十月二十四日
法円寺　霊山勝海　先生

第二十八回　平成九年五月二十九日
安楽寺　梅田謙道　先生

第二十九回平成九年十月十一日
元龍谷大学学長
信楽峻麿　先生

第三十回　平成十年四月十八日
東国東広域国保総合病院長
田畑正久　先生

第三十一回　平成十年十月二十九日
大谷大学教授
小　野　蓮　明　先生
第三十二回　平成十一年三月三十日
藤秀璻先生十七回忌法要
安楽寺　梅　田　謙　道　先生
第三十三回　平成十一年十月二十一日
龍谷大学教授
朝　枝　善　照　先生
第三十四回　平成十二年五月二十五日
広島大学教授
松　田　正　典　先生
第三十五回　平成十二年十二月七日
元大谷大学学長
寺　川　俊　昭　先生

第三十六回　平成十三年五月十日
浄土真宗本願寺派勧学
梯　實　圓　先生
第三十七回　平成十三年十一月一日
浄土真宗本願寺派勧学
梯　實　圓　先生
第三十八回　平成十四年五月二十三日
「藤秀璻先生を偲ぶ会」会長　佐藤秀雄
仏教伝道功労賞受賞奉告法要
広島大学名誉教授
松　田　正　典　先生
第三十九回　平成十四年十一月一日
西教寺　岩　崎　正　衛　先生
第四十回　平成十五年六月二十一日
同朋大学講師
張　偉　先生

第四十一回　平成十五年十一月二十二日
元大谷大学学長
寺　川　俊　昭　先生

第四十二回　平成十六年六月十日
法光寺　築　田　哲　雄　先生

第四十三回　平成十六年十二月四日
国東ビハーラの会会長
田　畑　正　久　先生

第四十四回　平成十七年六月十七日
浄土寺　朝　枝　思　善　先生

第四十五回　平成十七年十二月三日
元ＮＨＫ宗教担当アナウンサー
金　光　寿　郎　先生

第四十六回　平成十八年五月十一日
教専寺　故　選　一　法　先生

第四十七回　平成十八年十月十二日
元大谷大学学長
寺　川　俊　昭　先生

第四十八回　平成十九年六月十四日
広島大学名誉教授
松　田　正　典　先生

第四十九回　平成十九年十一月十二日
元龍谷大学学長
信　楽　峻　麿　先生

第五十回　平成二十年十二月二十日
親鸞仏教センター所長
本　多　弘　之　先生

本多弘之（ほんだ　ひろゆき）

1938年，中国黒龍江省に生まれる。1961年，東京大学農学部林産学科卒業。1966年，大谷大学大学院修了。大谷大学助教授を経て，2001年，親鸞仏教センター所長に就任。真宗大谷派本龍寺住職。大谷大学大学院講師。朝日カルチャーセンター（新宿区）講師。1983年，大谷大学を辞任の後，『安田理深選集』（全22巻，文栄堂）の編集責任にあたる。

著書に『親鸞教学―曽我量深から安田理深へ』『親鸞思想の原点―目覚めの原理としての回向』（以上，法藏館），『浄土―その解体と再構築』『浄土―その響きと言葉』『浄土―おおいなる場のはたらき』（以上，樹心社）『親鸞の救済観』（文栄堂），『他力救済の大道―清沢満之文集』『親鸞の鉱脈』『静かなる宗教的情熱―師の信を憶念して』（以上，草光舎）ほか多数。

親鸞に学ぶ信心と救い

二〇一一年四月一〇日　初版第一刷発行

著　者　本多弘之

発行者　西村明高

発行所　株式会社　法藏館

京都市下京区正面通烏丸東入

郵便番号　六〇〇-八一五三

電話　〇七五-三四三-〇〇三〇（編集）

〇七五-三四三-五六五六（営業）

印刷・製本　リコーアート

ISBN 978-4-8318-3288-7 C0015